Frank Kralemann

Liebe heißt Sehnsucht

Liebesgedichte

www.tredition.de

© 2020 Frank Kralemann

Verlag und Druck:
tredition GmbH, Halenreie 40-44, 22359 Hamburg

ISBN
Paperback: 978-3-347-16463-5
Hardcover: 978-3-347-16464-2
e-Book: 978-3-347-16465-9

Kleine Pflanze Liebe.

Du bist bei mir eingezogen.

Erst habe ich es nicht gemerkt.

Dann sah ich die Unordnung.

Mein Herz, dass vor Sehnsucht schmerzt.

Mein Verstand, der nicht mehr denken kann.

Da wusste ich, Du bist da

Ich werde dein Freund sein,

damit du groß wirst.

Vernünftig bitte nicht.

Du hast auch einen Namen.

Du Schöne

In meinen Träumen spielst du die Hauptrolle.

Liebe allein, geht nicht.

Romeo hat Julia

Dr. Schiwago liebt Lara.

Du Schöne,

mein Herz sehnt sich nach dir.

Deine Schönheit ist Salbe für mein Auge.

Dein Bild ist für immer in meinem Herzen.

Du Schöne,

Dir sag ich die drei Worte.

Ich liebe dich.

Wir fallen gemeinsam

Ich halte dich dicht bei mir.

Du vertraust.

Wir sprangen gemeinsam in die Tiefe.

Loslassen alles.

Die Liebe hat uns gehalten.

Sie ist bedingungsloses Vertrauen.

Als die Liebenden steigen wir wieder in die Welt.

Ich liebe dich

3 kleine Worte.

Doch dahintersteht

Ein Versprechen,

Eine Hoffnung,

Eine Zukunft,

Eine Liebe,

Ein Leben.

Verschwende Dich,

Gib dich mir ganz.

Halt nichts zurück.

Lass uns die Fülle leben.

Dieser Moment gehört der Lust

Sich geben und nehmen.

Einmal kommt die Dunkelheit,

Bis dahin möchte ich mit dir im hellen Licht sein.

Wer liebt muss sich fallen lassen

Springen in eine Tiefe, deren Grund er nicht sieht.

Gemeinsam, ich halte dich dicht bei mir.

Wir werden gehalten.

Die Liebe macht uns zu anderen Menschen.

Die Liebenden

Ich lebe

Manchmal mache ich Fehler.

Manche sind groß.

Manche merkt man nicht.

Ab und zu stolpere ich,

dann falle ich.

Wenn ich dir weh getan habe,

dann tut es mir leid.

Manchmal kann man verzeihen,

nicht immer gelingt es.

Ich würde gerne wieder mit Dir

Reden.

Immer wenn ich an dich denke,

freue ich mich,

das ich so ein Glück hatte,

dich gefunden zu haben.

Dann denke ich daran wie schön du bist,

Und wie romantisch .

Aus diesem Gefühl wächst die Sehnsucht nach dir,

deinem Kussmund, dich im Arm halten,

ganz dicht.

Über allem steht die Liebe

Es gibt kein Leben ohne Liebe

Es gibt ja auch kein Leben ohne Licht.

Es gibt ein funktionieren der Organe

ein flackern der Existenz.

Es braucht die Wärme der Liebe,

damit Leben Sinn macht.

Liebe ist einfach,

wenn es Liebe ist.

Herbstliebe

Die Frühlings Liebe war die erste Liebe.

Sie war aufregend. Alles war neu, bunt, heiß,

manchmal schnell beendet.

Mit der Sommerliebe bekamen wir die Kinder,

dann bauten wir ein Haus.

Sie war produktiv.

Doch einmal war sie aus.

Die Herbstliebe ist leidenschaftlich und erfüllend,

wenn man sie gefunden hat.

Wertvoll weil so selten.

Wir schätzen Sie und halten sie fest.

Mit ihr wollen wir durch den Winter gehen bis ans Ende

der Zeit.

Herbstliebe 2

Die Felder sind leer

Und Bahnen für den Wind geworden.

Jetzt ist die Zeit

Für Kerzenschein,

Zweisamkeit,

Lange Nächte,

In denen man sich hält.

Sich nahe ist,

geborgen.

Liebe heißt sich nach dir zu sehnen,

wenn du nicht da bist.

Wenn du da bist,

sich selbst zu vergessen,

um mit dir gemeinsam in der Liebe Eins zu werden.

Zwei Augen deine Schönheit zu sehen

Zwei Ohren deine Worte zu hören.

Zwei Hände um dich zu umarmen.

Ein Mund, der dich küssen muss.

Ein Herz das voll von dir ist.

Sehnsucht

Dieses kleine Gefühl,

dass mich immer an dich denken lässt,

dass die Tage, Stunden und Minuten zählt,

bis wir wieder vereint.

Schön, diese Sehnsucht,

denn sie bringt mich dir nahe,

immer.

Einfach an dich denken

Das ist schön.

Wie sexy Du aussiehst.

Wie du bist.

Süß und schon scharf,

Dich einfach denken.

Die Sprache der Liebe

ist der Dünger, den die Liebe selbst braucht.

Die Sprache, der Liebe ist nicht die Liebe
selbst,

aber sie ist der Dünger, der den Samen der
Liebe keimen und wachsen lässt.

Zweifel nie an der Liebe

Liebe ist

Entweder Du liebst, dann ist es Liebe.

Es gibt nicht 500 g Liebe.

Zweifelst Du trotzdem,

so stirbt die Liebe.

aber auch ein Teil von dir.

Liebe wächst aus der Stille,

die sich einstellt,

wenn das Herz voller Liebe ist,

während der Verstand sich selbst erklären will,

was Liebe ist,

und versagt.

Deine Stimme

sie tropft in mein Ohr,

wie Honig.

Betörend weckt sie meine Sehnsucht,

um sich dann in mein Herz zu senken.

Dort im Strom des Lebens, verhallen die Worte.

Jetzt schlägt es anders, weil du darin bist.

Ich habe nur ein Wort

Gern hätte ich mehr für dich.

Worte, um die Gefühle zu orten,

Die in meiner Brust und Herz.

Doch ich habe Sie nicht.

Vielleicht gibt es eine Sprache,

die Dir mehr sagt,

Als dieses eine Wort

Liebe

Ich weiß es nicht,

aber ich weiß,

Du verstehst die Welt,

die dieses kleine Wort in sich trägt.

Wer bin ich, wenn ich liebe

Bin ich die Sehnsucht?

Bin ich die Lust?

Bin ich das Verzehren?

Bin ich das Begehren?

Ich bin die Liebe,

wenn ich liebe.

Liebe ist Wahrheit

wenn es Liebe ist.

Liebe ist nicht Sex.

Liebe ist Sehnsucht nach der Verheißung,

der Auflösung der Begrenzung

des Selbst in uns.

Du bist die Frau

mit der ich alt werden möchte,

wenn ich alt bin.

Vorher möchte ich tanzen und spielen.

Das Leben ein Fest

Lass uns gemeinsam eine Geschichte beginnen.

Voll mit Liebe, Nähe und Zärtlichkeit.

Sie soll enden, wie alle Geschichten.

Wenn Sie nicht gestorben sind.

Ich mag das Fallen

richtig tief.

Ich mag schnell fahren.

Ohne Ziel.

Ich mag spielen.

Nur so.

Ich liebe Dich.

Darum.

Das Herz ist schon

Der Verstand besteht aus Worten.

Damit schafft er eine Welt.

Das Herz hat keine Worte.

Es ist eine Welt,

eine Welt der Liebe.

Zweifel weniger

und liebe mehr.

Dann schau auf dein Herz

Es zeigt dir die Liebe und auch den Schmerz.

Alles, was ich begehre

und alles was ich will, bist Du.

Meine Lust, meine Liebe bist Du.

Deine Hand halten und für immer festhalten.

Das wäre meine Sehnsucht.

Manchmal denke ich,

ist die Liebe das Ziel.

Liebe ist ein Gefühl.

Dann denke ich,

nein Liebe ist der Hinweis auf das Bedürfnis,

auf die Sehnsucht

meines Herzens und meiner Seele.

Und dann weiß ich,

was dieses wunderbare Gefühl mir sagen will.

Das Ziel meiner Liebe bist Du

Liebe beginnt klein

Sie macht Tippelschritte.

Sie hat Angst,

Aber Sie muss sich offenbaren,

um sich zu vollenden

Manchmal beginnt die Liebe groß.

Es gibt keinen Zweifel.

Sie ist einfach da.

Vollkommen,

wenn sie erwidert wird.

Du kannst Dich fallen lassen

Ich halte Dich.

Du kannst unsicher sein,

ich bin mir sicher.

Du kannst traurig sein,

Ich tröste Dich.

Du kannst weinen,

ich wische deine Tränen weg.

Du kannst nicht alleine sein,

ich werde immer bei dir sein.

Du willst meinen Namen wissen

Es gibt ein Wort für alles was ich bin.

Liebe

Liebe entsteht immer wieder im Jetzt

Die Kunst ist,

sie immer wieder neu zu entzünden.

Ja, immer wieder Ja.

Das sind die Worte,

die die Liebe begründen.

Ja, immer wieder Ja.

Das sind die Worte,

Die die Liebe erhalten.

Tiefer und tiefer bist du in meiner Seele

Besetzt mein Herz,

mit süßem Versprechen.

Und den Bildern von dir in meinem Kopf

Sitze ich jetzt hier in meinem Sein

Und warte

Verschwendung.

Welche Wonnen können wir gemeinsam leben.

Was kann ich dir sein?

Ich muss die Struktur,

die mein Leben hält,

so ändern.

Dass Du in ihr bist

Weil ich sonst kein Leben habe.

Du bist in meinem Herzen

So tief

Das Denken an Dich

lässt meine Seele nicht ruhen

Immer komme ich in allem auf Dich zurück.

Was kann diese Liebe stillen?

Ich glaube, nur wieder geliebt zu werden.

Alles andere ist Unglück.

Herzschmerz

Weltschmerz

Tief fallen

Hochsteigen

Das kann ich mit Dir

Warum ich Dich liebe

Warum muss ich atmen?

Damit ich lebe.

Aber ich kann die Luft anhalten,

bei der Liebe geht es nicht.

Sie muss fließen,

wie Strom zwischen Polen.

Warum ich Dich liebe?

Weil du so wunderbar und unbeschreiblich
sinnlich bist.

Die personalisierte Erotik.

Ein Engel der Liebe in Evas Gewand.

Die Wahrheit ist,

ich kann nicht anders.

Liebe ist die direkte Verbindung

Zwischen zwei Herzen

Und die Stabilste

Wenn ich Dich mir denke

Den Glanz deiner Schönheit,

Dein Lächeln und die Grübchen,

Die dabei in deinem Gesicht entstehen,

dann atme ich die Liebe

Wenn ich Dir nahe bin

Die Nähe und Vertrautheit deines Körpers

spüre.

Weiß ich dich als Erfüllung meines Seins.

Dann bin ich die Liebe, und sie brennt.

Dabei ist die Erfüllung meiner Liebe nicht in
der Wärme deines Schoßes,

sondern im Ja des Herzens.

Ich warte

dass die Mauer der Zeit,

Die unsere Körper und Seelen trennt,

Zur Gegenwart wird und zerbricht.

Ich hoffe,

du verzeihst mir diese vielen Worte der Liebe.

Ich weiß, dass sie unerfüllt bleiben wird.

Aber immer hoffen kann,

das macht Sie so wertvoll.

Die Worte erschaffen eine Welt

Das Herz ist schon.

Während ich auf Dich warte,

sprechen die Worte.

Sie flüstern, Sie kommt nicht,

Es wird nicht funktionieren.

Du kommst und lachst mich an.

Mein Herz weiß die Wahrheit.

Es kann nicht fragen.

Es kann nur fühlen.

Immer nur Du.

Du hast etwas in mir angerührt

Es war schon lange dort.

Verborgen.

Du hast es erweckt.

Erst war es wackelig.

Konnte und wollte nicht glauben.

Dann ist es gewachsen.

Und wurde sich sicher.

Und gibt jetzt Dir die Sicherheit,

Wenn Du nicht weißt,

ob Du dir selber trauen kannst.

Folgen wir dem Licht der Liebe.

Ihr Strahlen ist so hell und warm.

Wenn ich mir überlege

Was ich mir am meisten wünschen würde

mit Dir,

und ich das Mögliche fühlbar mache,

dann ist klar:

Nah sein.

Vereinigung

Ja, immer ja.

Immer und in allem.

Mich um Dich sorgen.

Mit Dir lachen und weinen

All die kleinen Gesten des Alltags

Küssen, nur so.

Deine Hand halten.

Das wünsche ich mir für immer.

Lass uns der Liebe leben geben.

Sehnsucht zeigt auf das was fehlt.

Das bist Du.

Leidenschaft unerfüllt ist Schmerz.

Lindern kannst Du.

Liebe brennt, reift und vollendet sich im Du.

Du fehlst mir sehr

Liebe ist nicht nur ein Wort

Sondern ein tiefes Gefühl von

Verbindung,

Vertrauen,

Verlangen und dem Wunsch nach Nähe.

Liebe möchte Ewigkeit.

und entsteht doch immer wieder neu aus der
Sehnsucht heraus.

Du bist die Königin meines Herzens

Deine wunderschönen Augen

Sie sprechen ohne Worte.

Instrumente der Seele.

Die Welt zu schauen.

Instrumente der Leidenschaft.

Um mich um den Verstand zu bringen.

Die Liebe und die Leidenschaft

sind Geschwister.

Sie können nicht ohne den anderen.

Allein sind sie ohne Energie.

Erst im Zusammentreffen.

Spürt man den Zauber der Liebe

Und den süßen Schmerz

Der Lust.

Du wundervolle Frau

Du inspirierst mich

Deine subtile Erotik und das Versprechen,

das dahintersteht,

ist eine Quelle

der Leidenschaft und der Sehnsucht.

Möchte jetzt deine Nähe haben

Alles ist anders

Die Tage gehen zur Neige.

Die Welt verändert sich.

Die Liebe bleibt, wie Sie ist.

Du lachst,

Wenn Du lachst,

bricht die Sonne durch dunkle Wolken.

Du lachst und die Welt wird heller.

Wenn du lachst.

Ich will dich

So wie du bist.

Mit Haut und Haar.

Jetzt, Morgen, bis ans Ende der Zeit.

Ich werde alles mit dir teilen,

Leben, Lust und Schmerz.

Ich werde dich halten, wenn du willst.

Wenn du traurig bist, küsse ich deine Tränen
weg.

Wenn du lachst, küsse ich dich vor Freude.

Du sollst immer bei mir sein,

so dass ich dich hören kann.

Ich möchte deine Schönheit sehen,

Tag und Nacht.

Nachts möchte ich Hand in Hand mit dir ein-
schlafen.

Während Du zögerst und zweifelst

Geht dein Leben an dir vorüber.

Du bist nicht bei mir,

auch nicht bei Dir.

Du bist in den Worten gefangen.

Sie sprechen zu dir.

Sie kennen nicht die Wahrheit.

Sie lähmen dich.

Mach es oder mach es nicht.

Hör auf zu zweifeln.

Sehnsucht nach Dir

Deinem Kussmund

Der so weich und lockend sein kann,

geben und nehmen.

Eines und Alles.

Eine Welt der Liebe.

MIX

Papier | Fördert
gute Waldnutzung

FSC® C083411

Zeitfracht Medien GmbH
Ferdinand-Jühlke-Straße 7
99095 Erfurt, Deutschland
produktsicherheit@kolibri360.de